Made in the USA
Middletown, DE
13 July 2023

35112059R00086